El librito de instruciones de Dios para jóvenes

Una colección de dichos simples, humorísticos y de gran motivación ¡para inspirarte hacia la grandeza!

Disponible en inglés en Access Sales International (ASI)
2448 E. 81st Street, Ste. 4705, Tulsa, OK 74137 USA.

Publicado por Editorial **Unilit**
Miami, Fl. 33172
©1998 Derechos reservados
Primera edición 1998

Publicado en inglés con el título: *God's Little Instruction Book for Students*
© 1994 por Honor Books, Inc. Tulsa, Oklahoma 74155

Se necesita permiso escrito de los editores, para la reproducción de porciones del libro, excepto para citas breves en artículos de análisis crítico.

Traducido al español por: Gabriel Prada

Citas bíblicas tomadas de: Santa Biblia, revisión 1960 © Sociedades Bíblicas Unidas
Biblia de las Américas © 1986 The Lockman Foundation
La Biblia al Día © 1979 Living Bibles Int.
Usadas con permiso.

Producto 498352
ISBN 0-7899-0547-7
Impreso en Colombia
Printed in Colombia

INTRODUCCIÓN

El librito de instrucciones de Dios es una colección de citas y versos bíblicos que son útiles para motivar a los jóvenes a vivir vidas productivas, con propósito, y llenas de felicidad, mientras que a la vez los inspira en el esfuerzo por lograr desarrollar carácter y excelencia en el diario vivir.

Este encantador libro es básico, práctico y lleno de la sabiduría eterna que procede de la Biblia. Cubre temas que estudiantes en todas partes pueden apreciar y aprender más sobre ellos. *El librito de instrucciones de Dios para jóvenes* ayudará al estudiante en su esfuerzo por alcanzar la excelencia, mientras se enfrenta a los retos del futuro.

Reconocimientos

Queremos reconocer y agradecer a las siguientes personas por las citas usadas en este libro: Syrus (6), Dr. Eugene Swearinger (8,19,30), Gary Snalley y John Treat (9,148), Calvin Coolidge (11,106), Andre Maurois (12), David Shibley (13), Bill Copeland (14), Harry Emerson Fosdick (15,103), John D. Rockfeller Jr. (16), Les Brown (17), Thomas Jefferson (18,59), Robert C. Edward (20), Ed Cole (21,33,141), Benjamin Franklin (22,113), Kin Hubbard (25), Henry Ward Beecher (26), John A. Shedd (28), Dwight L. Moody (31,45), H.E. Jansen (34), A.W.Tozer (38), Roy Disney (39), Bob Bales (40), Hellen Keller (41), Seneca (42), Aristóteles (43,82,134), Matthew Prior (44), William A. Ward (46), Katherine Graham (47), Moliere (49), Descartes (50), Solon (51), Charles C.Noble (52), Samuel Johnson (53), Eleanor Roosevelt (54), John Sculley (55), George Bernard Shaw (56), Henry Wadsworth Longfellow (57), Ralph Waldo Emerson (61,81), Oprah Winfrey (62), Charles H. Spurgeon (63), William Lyon Phelps (64), Franklin (65), Terence (67), Pauline H. Peters (73), Josh Billings (74), Andrew Jackson (75), Jean Paul Richter (76), William James (77), Samuel Butler (78), H. P. Liddon (79), George Elliott (80), John R. Rice (83), William H. Danforth (84,94,122), Thomas A. Edison (85), Orlando Battista (86,102), George Edward Woorberry (87), Ronald E. Osborne (88), Woodrow Wilson (89), Winston Churchill (90,133), Washington Irving (91), Thomas Carlyle (92), Lillian Dickson (95), Denis Diserot (96), Earl Nightingale (97,126), Horace (98), Louis D. Brandeis (99), Hannah Moore (100), Publilius Syrus (101), Victor Hugo (104), David Dunn (105), Mark Twain (107,140), Roy L Smith (108), Phil Marquart (109), Oliver Wendell Holmes (110), James Whitcomb Riley (111), George Washington (112), Jeremy Taylor (116), Say (117), Cervantes (118), Bacon (121), Zig Ziglar (123,129), H.W. Beecher (124), Builder (125), Abraham Lincoln (127), Diane Sawyer (130), Wilson Mizner (131), Beverly Sills (132), Winifred Newman (135), Mike Murdock (136), Witt Fowler (137), Theodore Roosevelt (138), Leo Toltstoy (139), Henry Ford (142), Bill Cosby (143), George Dana Boardman (144), Vince Lombardi (145), George Sala (146), Samuel Johnson (147).

El día que naciste tú lloraste y el mundo se regocijó. Vive tu vida de tal manera, que cuando mueras el mundo llore y tú te regocijes.

La memoria de los justos será bendita.
Proverbios 10:7 RV60

Muchos son los que reciben consejo, pero sólo los sabios los aprovechan.

El orgullo conduce a la discusión; sé humilde, recibe consejo y adquiere sabiduría.

Proverbios 13:10 LBAD

Ni aun el mosquito recibe una palmada en la espalda hasta que comienza a trabajar.

Procura con diligencia presentarte a Dios aprobado, como obrero que no tiene de qué avergonzarse, que maneja con precisión la palabra de verdad.

2 Timoteo 2:15 BLA

Nunca tendrás que tomar una decisión tan importante como escoger a la persona con quien te casarás.

Por tanto el hombre dejará a su padre y a su madre y se unirá a su mujer, y serán una sola carne.
Génesis 2:24 BLA

En la Biblia hay una palabra que describe el "acto sexual seguro": Se le llama matrimonio.

Sea el matrimonio honroso en todos, y el lecho matrimonial sin mancilla, porque a los inmorales y a los adúlteros los juzgará Dios.

Hebreos 13:4 BLA

Muy a menudo amamos las cosas y usamos a las personas, cuando deberíamos estar usando las cosas y amando a las personas.

Ámense con cariño de hermanos y deléitense en el respeto mutuo.
Romanos 12:10 LBAD

Nunca he sido herido por algo que no he dicho.

No hables tanto; continuamente te pones en ridículo.
Sé inteligente, deja la habladuría.

Proverbios 10:19 LBAD

La búsqueda egoísta del éxito o las riquezas casi siempre llevará a los hombres por el camino de la infelicidad. ¿Por qué? Porque ese tipo de vida los obliga a depender de cosas que están fuera de ellos.

❖ ❖ ❖

Sea vuestro carácter sin avaricia, contentos con lo que tenéis, porque Él mismo ha dicho: "Nunca te dejaré ni te desampararé".
Hebreos 13:5 BLA

De aquí a cien años no será de gran importancia si lograste la oportunidad que deseabas en el trabajo, si fuiste a Europa, o si cambiaste tu auto por un Mercedes.... De aquí a cien años, lo que sí será de gran importancia es que hiciste un compromiso con Jesucristo.

Pues, ¿qué provecho obtendrá un hombre si gana el mundo entero, pero pierde su alma?

Mateo 16:26 BLA

El éxito significa, conocer la diferencia entre acorralar a las personas, y el hacerlos parte de tu corral.

¿Andan dos hombres juntos si no se han puesto de acuerdo?
Amós 3:3 BLA

Ningún caballo llega a ningún lado hasta que se le pone la rienda. Ninguna vida llegará a ser grande hasta que no esté enfocada, dedicada y disciplinada.

En una carrera varios son los que corren, pero sólo uno obtiene el premio. Para ganar en una competencia uno tiene que abstenerse de cualquier cosa que le impida estar en las mejores condiciones físicas.

I Corintios 9:24a,25 LBAD

El secreto del éxito radica en hacer extraordinariamente bien aquellas cosas que son comunes y corrientes.

¿Has visto un hombre diestro en su trabajo? Estará delante de los reyes; no estará delante de hombres sin importancia.
Proverbios 22:29 BLA

Apunta hacia la luna. Aun cuando falles, aterrizarás entre las estrellas.

Busquen la perfección.
2 Corintios 13:11b LBAD

Los sueños del futuro me gustan más que la historia del pasado.

No recordéis las cosas anteriores, ni consideréis las cosas del pasado. He aquí, hago algo nuevo.
Isaías 43:18,19 BLA

La manera de llegar a la cima es levantándote del trasero.

¿Hasta cuándo, perezoso, estarás acostado?
¿Cuándo te levantarás de tu sueño?
Proverbios 6:9 BLA

Eres quien eres solamente cuando nadie te está mirando.

No seas de los que trabajan bien sólo cuando el amo los está observando, para quedar bien con él. Trabaja bien siempre y de buena gana, como si lo hicieras para Cristo, cumpliendo de todo corazón la voluntad de Dios.

Efesios 6:6 LBAD

Hay ocasiones en que el silencio es oro, pero otras veces es cobardía.

Hay un tiempo señalado para todo... tiempo de callar y tiempo de hablar.
Eclesiastés 3:1,7b BLA

Cuida tu negocio y tu negocio cuidará de ti.

El que labra su tierra se saciará de pan, pero el que persigue lo vano carece de entendimiento.

Proverbios 12:11 BLA

Cada trabajo es un autorretrato de la persona que lo desempeña. Firma tu labor con la excelencia.

Pero este mismo Daniel sobresalía entre los funcionarios y sátrapas porque había en él un espíritu extraordinario.
Daniel 6:3 BLA

En la vida, las mejores cosas *no* son gratis.

Sabiendo que no fuisteis redimidos de vuestra vana manera de vivir heredada de vuestros padres con cosas perecederas como oro o plata, sino con sangre preciosa, como de un cordero sin tacha y sin mancha, la sangre de Cristo.
I Pedro 1:18,19 BLA

Puedes dirigir al joven hacia la universidad, pero no puedes obligarlo a pensar.

¿De qué sirve el precio en la mano del necio para comprar sabiduría, cuando no tiene entendimiento?
Proverbios 17:16 BLA

Si un hombre no puede ser cristiano allí donde se encuentra, entonces no podrá ser cristiano en ningún sitio.

No seas de los que trabajan bien sólo cuando el amo los está observando, para quedar bien con él. Trabaja bien siempre y de buena gana, como si lo hicieras para Cristo, cumpliendo de todo corazón la voluntad de Dios.

Efesios 6:6,7 LBAD

No le pidas a Dios por lo que crees que es lo mejor; pídele aquello que Él cree es lo mejor para ti.

Vosotros, pues, orad de esta manera: ...Venga tu reino.
Hágase tu voluntad, así en la tierra como en el cielo.

Mateo 6:9,10

Las oportunidades muy pocas vienen rotuladas.

Buscad, y hallaréis; llamad, y se os abrirá.
Mateo 7:7 BLA

El sabio hace al instante aquello que al final hace el necio.

El que recoge en el verano es hijo sabio, el que se duerme durante la siega es hijo que avergüenza.
Proverbios 10:5 BLA

Definición de posición: Comprar algo que no necesitas, con dinero que no tienes, para causar una impresión en personas que no son de tu agrado.

Antes hacen todas sus obras para ser vistos por los hombres.
Mateo 23:5 RV60

La perseverancia es un gran elemento que se encuentra presente en el éxito; si tocas a la puerta lo más que puedas y fuertemente, seguro que vas a despertar a alguien.

Pedid, y se os dará; buscad, y hallaréis; llamad, y se os abrirá.
Lucas 11:9 RV60

Correr hacia una conclusión, no es tan buen ejercicio como excavar en busca de los hechos.

Procura con diligencia presentarte a Dios aprobado, como obrero que no tiene de qué avergonzarse, que maneja con precisión la palabra de verdad.
2 Timoteo 2:15 BLA

El talento más valioso es: Nunca usar dos palabras, cuando con una basta.

En las muchas palabras, la transgresión es inevitable,
mas el que refrena sus labios es prudente.

Proverbios 10:19 BLA

La vagancia a menudo se confunde con la paciencia.

Despojémonos también de todo peso y del pecado que tan fácilmente nos envuelve, y corramos con paciencia la carrera que tenemos por delante.
Hebreos 12:1 BLA

Nada de gran valor jamás ha sido realizado sin entusiasmo.

Porque la alegría del Señor es vuestra fortaleza.
Nehemías 8:10 BLA

La suerte es asunto de la preparación encontrándose con la oportunidad.

Aprovechen ustedes bien las oportunidades.
Colosenses 4:5 LBAD

Talla (esculpe) tu nombre en los corazones y no en mármol.

Vosotros sois nuestra carta... siendo manifiesto que sois una carta de Cristo redactada por nosotros... no escrita en tablas de piedra, sino en tablas de corazones humanos.
2 Corintios 3:2a,3 BLA

Tener conocimiento de la Biblia sin un curso universitario, es de mayor valor que tener un curso universitario sin el conocimiento de la Biblia.

Toda escritura es inspirada por Dios y útil para enseñar, para reprender, para corregir, para instruir en justicia, a fin de que el hombre de Dios sea perfecto, equipado para toda buena obra.
2 Timoteo 3:16,17 BLA

Podríamos decir que la mitad de los problemas en esta vida comienzan cuando somos muy rápidos en decir sí, y demasiado lentos en decir no.

¿Ves a un hombre precipitado en sus palabras?
Más esperanza hay para el necio que para él.
Proverbios 29:20 BLA

No hay pobreza que pueda vencer la diligencia.

*Pobre es el que trabaja con mano negligente,
más la mano de los diligentes enriquece.*
Proverbios 10:4 BLA

Nunca te desesperes; pero si lo haces, continúa trabajando en medio de la desesperación.

Pero ustedes... manténganse en el cumplimiento del deber y no se desanimen, porque recibirán galardón.
2 Crónicas 15:7 LBAD

Puedes lograr más en una hora con Dios, que en toda una vida entera sin Él.

Para Dios todo es posible.
Mateo 19:26 BLA

Si no estás firme en lo que crees, caerás por cualquier cosa.

Tú por la fe te mantienes firme.
Romanos 11:20 BLA

La diferencia entre lo ordinario y lo extraordinario es ese pequeño extra.

*Todo lo que tu mano halle para hacer,
hazlo según tus fuerzas.*
Eclesiastés 9:10 BLA

El hombre no podrá descubrir nuevos océanos, hasta que no tenga el valor de perder de vista la costa.

Y descendiendo Pedro de la barca, caminó sobre las aguas, y fue hacia Jesús.
Mateo 14:29 BLA

Cada hombre tiene sus momentos de entusiasmo. Un hombre puede sentir entusiasmo por treinta minutos, mientras que otro por treinta días –pero el hombre que alcanza el éxito en la vida es aquel que siente entusiasmo por treinta años.

Corramos con paciencia la carrera que tenemos por delante.
Hebreos 12:1 BLA

"La Oración del Supervisor"
Señor, cuando esté equivocado, dame la voluntad para cambiar; cuando esté en lo cierto, que sea fácil vivir conmigo. Fortaléceme de tal manera, que el poder de mi ejemplo exceda varias veces la autoridad de mi rango.

Para ofrecernos como modelos a vosotros a fin de que sigáis nuestro ejemplo.
2 Tesalonicenses 3:9 BLA

Considera el sello postal: su uso consiste en la habilidad de pegarse a una sola cosa hasta que llega a su destino.

He peleado la buena batalla, he terminado la carrera, he guardado la fe.
2 Timoteo 4:7 BLA

Un hombre valiente hace la mayoría.

*Sed firmes y valientes... porque el Señor tu Dios...
no te dejara ni te desamparará.*

Deuteronomio 31:6 BLA

Un hombre nunca revela su propio carácter tan claramente, como cuando describe el carácter de otro hombre.

El hombre bueno de su buen tesoro saca cosas buenas;
y el hombre malo de su mal tesoro saca cosas malas.
Mateo 12:35 BLA

El mayor uso que se le puede dar a la vida, es emplearla en algo que trascienda más allá de la vida misma.

¡Acumula tesoros en el cielo, donde las cosas no pierden valor y donde no hay polilla ni orín ni ladrón que puedan corromper, oxidar o robar!

Mateo 6:20 LBAD

Todo trabajo que el hombre haga, sea literatura o música, películas o arquitectura, o cualquier otra cosa; siempre es un retrato de sí mismo.

Como el agua refleja el rostro, asi el corazón del hombre refleja al hombre.
Proverbios 27:19 BLA

Cualquier cosa que hagamos en algún grandioso momento probablemente dependerá de lo que ya somos; y lo que seamos en ese momento, será el resultado de previos años de autodisciplina.

Como atleta, me golpeo el cuerpo, lo trato con rigor, para que aprenda a hacer lo que debe, no lo que quiere.
I Corintios 9:27 LBAD

Nuestras obras nos definen, tanto como nosotros definimos nuestras obras.

Aun por sus hechos da a conocer un muchacho si su conducta es pura y recta.
Proverbios 20:11 BLA

Lo que haces se escucha tan alto que no puedo oír lo que dices.

*Muéstrame tu fe sin las obras, y yo
te mostraré mi fe por mis obras.*
Santiago 2:18b BLA

Todas las virtudes se resumen en hacer justicia.

Él te ha declarado, oh hombre, lo que es bueno. ¿Y qué es lo que demanda el Señor de ti, sino sólo practicar la justicia, amar la misericordia, y andar humildemente con tu Dios?

Miqueas 6:8 BLA

No importa cuál haya sido el pasado de un hombre, su futuro permanece sin mancha alguna.

Olvidando lo que queda atrás y extendiéndome a lo que está delante.
Filipenses 3:13 BLA

Una de las grandes reglas de la vida es la siguiente: Mientras más das, más recibes.

Hay quien reparte y le es añadido más ... y el que riega será también regado.

Proverbios 11:24,25 BLA

Todas las cosas llegan a aquel que se apresura mientras espera.

A fin de que no os hagáis perezosos, sino imitadores de aquellos que por la fe y la paciencia heredan las promesas.
Hebreos 6:12 RV60

Una memoria bien entrenada es la que te permite olvidar todo lo que no vale la pena recordar.

Por lo demás, hermanos, todo lo que es verdadero, todo lo honesto, todo lo justo, todo lo puro, todo lo amable, todo lo que es de buen nombre; si hay virtud alguna, si algo digno de alabanza, en esto pensad.

Filipenses 4:8 RV60

La derrota no es el mayor de los fracasos. El verdadero fracaso es no haber tratado.

Mira que te mando que te esfuerces y seas valiente; no temas ni desmayes, porque Jehová tu Dios estará contigo en dondequiera que vayas.

Josué 1:9 RV60

A menos que hagas algo más allá de lo que ya has dominado, nunca podrás crecer.

Extendiéndome a lo que está delante, prosigo hacia la meta para obtener el premio del supremo llamamiento de Dios en Cristo Jesús.

Filipenses 3:13,14 BLA

Prefiero fracasar en una causa que algún día triunfará, en vez de triunfar en una causa que algún día fracasará.

Pero gracias a Dios, que en Cristo Jesús, siempre nos lleva en su triunfo.
2 Corintios 2:14 BLA

Las cometas se elevan en contra del viento, y no a su favor.

*La paciencia crece mejor cuando el camino es escabroso.
¡Déjenla crecer! ¡No huyan de los problemas!*
Santiago 1:3,4a LBAD

Las mentes pequeñas han sido domadas y apagadas por la desgracia; pero las grandes mentes se elevan por encima de todo infortunio.

Porque el justo cae siete veces y vuelve a levantarse.
Proverbios 24:16 BLA

El hombre alegre hará más en el mismo espacio de tiempo, lo hará mejor, y lo preservará por mayor tiempo que el hombre triste y malhumorado.

Todos los días del afligido son malos, pero el de corazón alegre tiene un banquete continuo.

Proverbios 15:15 BLA

El secreto del éxito radica en ser como un pato en el agua —tranquilo e imperturbable por encima, pero chapoteando furiosamente por debajo.

Antes bien he trabajado mucho más que todos ellos, aunque no yo, sino la gracia de Dios en mí.

I Corintios 15:10 BLA

Ningún plan vale el papel en que está impreso, a menos que logre ponerte en acción.

Sed hacedores de la palabra, y no solamente oidores que se engañan a sí mismos.
Santiago 1:22 BLA

La vida es una moneda. Puedes gastarla de la manera que desees, pero sólo puedes gastarla una sola vez.

Y así como está decretado que los hombres mueran una sola vez, y después de esto, el juicio.
Hebreos 9:27 BLA

Sólo las pasiones, las grandes pasiones, pueden elevar el alma a grandes cosas.

Fervientes en espíritu, sirviendo al Señor.
Romanos 12:11 BLA

Los fracasos desean métodos placenteros, los éxitos desean resultados placenteros.

Al presente ninguna disciplina parece ser causa de gozo, sino de tristeza; sin embargo, a los que han sido ejercitados por medio de ella, les da después fruto apacible de justicia.
Hebreos 12:11 BLA

Una vez que a una palabra se le ha permitido escapar, ya no se le puede hacer volver.

No salga de vuestra boca ninguna palabra mala, sino sólo la que sea buena para edificación, según la necesidad del momento para que imparta gracia a los que escuchan.

Efesios 4:29 BLA

La mayoría de las cosas que vale la pena hacer en este mundo, habían sido declaradas como imposibles antes que fueran hechas.

Pero para Dios todo es posible.
Mateo 19:26 BLA

Los obstáculos son esas cosas espantosas que ves cuando apartas tu mirada de la meta.

Pedro ... caminó sobre las aguas hacia donde estaba Jesús. Pero al percatarse de lo que hacía y de la inmensidad de las olas que se le lanzaban encima, sintió miedo y comenzó a hundirse.

Mateo 14:29,30 LBAD

Una buena reputación es de mayor valor que el dinero.

*De más estima es el buen nombre que
las muchas riquezas.*
Proverbios 22:1 RV60

Una equivocación no se convierte en una falta hasta que rehusas corregirla.

*Por senda de vida va el que guarda la instrucción,
mas el que abandona la reprensión se extravía.*
Proverbios 10:17 BLA

Odiar a las personas es como quemar tu propia casa con el fin de deshacerte de una rata.

Pero si os mordéis y os devoráis unos a otros, tened cuidado, no sea que os consumáis unos a otros.
Gálatas 5:15 BLA

La risa es el sol que aleja el invierno del rostro humano.

El corazón gozoso alegra el rostro, pero en la tristeza del corazón se quebranta el espíritu.

Proverbios 15:13 BLA

**El buen carácter engendra sonrisas,
la sonrisa engendra amigos, y
los amigos son mejores
que una fortuna.**

*La luz de los ojos alegra el corazón, y las buenas
noticias fortalecen los huesos.*
Proverbios 15:30 BLA

Ninguna persona ha sido jamás honrada por lo que ha recibido. El honor es la recompensa por lo que ha dado.

El justo da y nada retiene.
Proverbios 21:26 BLA

La diferencia entre la palabra correcta y la palabra casi correcta, es la diferencia que hay entre el relámpago y la luciérnaga.

*Como manzanas de oro en engaste de plata,
es la palabra dicha a su tiempo.*
Proverbios 25:11 BLA

Este mundo le pertenece al hombre que es lo suficientemente sabio como para cambiar de opinión ante la presencia de los hechos.

El que escucha las reprensiones adquiere entendimiento.
Proverbios 15:32 BLA

Bienaventurado es el hombre que está demasiado ocupado para preocuparse durante el día, y demasiado soñoliento para preocuparse durante la noche.

Dulce es el sueño del trabajador.
Eclesiastés 5:12 BLA

Cada llamamiento es grande cuando se cumple con ahínco.

Prosigo hacia la meta para obtener el premio del supremo llamamiento de Dios en Cristo Jesús.
Filipenses 3:14 BLA

El melocotón más maduro es el que se encuentra más alto en el árbol.

Y no nos cansemos de hacer el bien, pues a su tiempo, si no nos cansamos, segaremos.

Gálatas 6:9 BLA

Es mejor estar solo que mal acompañado.

*No os dejéis engañar: Las malas compañías
corrompen las buenas costumbres*
I Corintios 15:33 BLA

La manzana podrida echa a perder a quien la acompaña.

El que anda con sabios será sabio, mas el compañero de los necios sufrirá daño.

Proverbios 13:20 BLA

La paciencia es amarga, pero su fruto es dulce.

Porque tenéis necesidad de paciencia, para que cuando hayáis hecho la voluntad de Dios, obtengáis la promesa.

Hebreos 10:36 BLA

Es necesario tener mayor destreza de la que te puedo decir, para poder tocar bien el segundo violín.

Pero el mayor de vosotros será vuestro servidor.
Mateo 23:11 BLA

Es imposible que desespere aquel hombre que se acuerda que su Ayudador es omnipotente.

Álzaré mis ojos a los montes; ¿de dónde vendrá mi socorro?
Mi socorro viene de Jehová, que hizo los cielos y la tierra.
Salmos 121:1,2 RV60

La escuela pretende prepararte para los exámenes; los finales te los da la vida misma.

Poneos a prueba para ver si estáis en la fe;
examináos a vosotros mismos.

2 Corintios 13:5 BLA

La diligencia es la madre de la buena fortuna.

Los proyectos del diligente ciertamente son ventaja...
Proverbios 21:5 BLA

El camino hacia el éxito está salpicado con muchos lugares que te tientan a estacionarte.

Despojémonos de cualquier cosa que nos reste agilidad o nos detenga, especialmente de esos pecados que con tanta facilidad se nos enredan en los pies y nos hacen caer, y corramos con paciencia la carrera en que Dios nos ha permitido competir.

Hebreos 12:1 LBAD

Cuando trabajes para otros, que sea con el mismo celo como si fuera para ti mismo.

Cada uno interésese no sólo en lo suyo sino también en lo de los demás.

Filipenses 2:4 LBAD

El dinero es un buen siervo, pero un mal amo.

*El rico domina a los pobres, y el deudor
es esclavo del acreedor.*

Proverbios 22:7 BLA

Trata a todos por igual, sin tomar en consideración de dónde proceden... los verdaderos y grandes hombres y mujeres son aquellos que con naturalidad, franqueza y honestidad tratan a todos con quienes se encuentran.

Que vuestra fe ... sea sin acepción de personas.
Santiago 2:1 RV60

Cuando hagas las cosas que debes hacer cuando tienes que hacerlas, llegará el día cuando podrás hacer las cosas que quieres hacer, cuando quieras hacerlas.

*Pobre es el que trabaja con mano negligente,
mas la mano de los diligentes enriquece.*
Proverbios 10:4 BLA

Un hombre sin alegría es como una carreta sin muelles; cada piedrecita en el camino la sacude desagradablemente.

El corazón alegre es buena medicina, pero el espíritu quebrantado seca los huesos.
Proverbios 17:22 BLA

Las dos palabras más importantes: "Muy agradecido".
La palabra más importante: "Nosotros".
La palabra menos importante: "Yo".

Nada hagáis por egoísmo ... sino que con actitud humilde cada uno de vosotros considere al otro como más importante que a sí mismo.

Filipenses 2:3 BLA

He aquí la llave para el éxito y la llave para el fracaso: nos convertimos en aquello en que pensamos...

Por lo demás, hermanos, todo lo que es verdadero, todo lo digno, todo lo justo, todo lo puro, todo lo amable, todo lo honorable, si hay alguna virtud o algo que merece elogio, en esto meditad.

Filipenses 4:8 BLA

Debes tener siempre presente que no hay nada más importante que tu decisión personal para alcanzar el éxito.

El Señor Dios me ayuda, por eso no soy humillado, por eso como pedernal he puesto mi rostro, y sé que no seré avergonzado.
Isaías 50:7 BLA

El que no trata no triunfa.

*Todo lo que tu mano halle para hacer, hazlo,
según tus fuerzas...*
Eclesiastés 9:10 BLA

Cualquier meta debidamente establecida ya ha sido cumplida a la mitad.

Entonces el Señor me respondió, y dijo: Escribe la visión y grábala en tablas, para que corra el que la lea.

Habacuc 2:2 BLA

Creo que la lección que he aprendido es que no hay un sustituto para el prestar atención.

Por tanto, debemos prestar mucha mayor atención a lo que hemos oído, no sea que nos desviemos.
Hebreos 2:1 BLA

Un buen oído no es tan sólo muy popular en todos lados, también aprende algo nuevo.

El oído que escucha las reprensiones de la vida, morará entre los sabios.
Proverbios 15:31 BLA

Puede ser que te sientas desilusionado por algún fracaso, pero estarás perdido si por lo menos no tratas.

*El alma del perezoso desea, pero nada consigue,
mas el alma de los diligentes queda satisfecha.*
Proverbios 13:4 BLA

El éxito nunca es el final; el fracaso nunca es fatal; lo que cuenta es la valentía.

Esforzaos, y aliéntese vuestro corazón, todos vosotros que esperáis en el Señor.

Salmos 31:24 BLA

Considero que es más valiente aquel que puede conquistar sus propios deseos, que el que conquista a sus enemigos; porque la victoria más difícil es la que se logra sobre uno mismo.

Sino que gopleo mi cuerpo y lo hago mi esclavo....
I Corintios 9:27 BLA

Lo que el mundo necesita desesperadamente es visión. No hay tal cosa como situaciones desesperantes, sólo hay personas en cuyos pensamientos no hay esperanza.

Donde no hay visión, el pueblo se desenfrena.
Proverbios 29:18 BLA

Los hombres pierden su salud tratando de conseguir fortuna; y luego, con mucho gusto, gastan todo lo que poseen para conseguir de nuevo su salud.

Pues, ¿qué provecho obtendrá un hombre si gana el mundo entero, pero pierde su alma?...
Mateo 16:26 BLA

Dame una labor que sea demasiado grande y difícil para manos humanas, entonces vendré y me apoyaré en Ti completamente, y al apoyarme encontraré las fuerzas.

Confía en el Señor con todo tu corazón, y no te apoyes en tu propio entendimiento.
Proverbios 3:5 BLA

El ingrediente más importante en la fórmula del éxito es: saber cómo relacionarse bien con las demás personas.

Mirad que ninguno devuelva a otro mal por mal, sino procurad siempre lo bueno los unos para con los otros.
I Tesalonicenses 5:15 BLA

Todos piensan en cambiar al mundo, pero ninguno piensa en cambiarse a sí mismo.

Si no os volvéis y os hacéis como niños,
no entraréis en el reino de los cielos.
Mateo 18:3 RV60

**El valor es la resistencia al miedo,
el dominio sobre el miedo
—no la ausencia de miedo.**

*Aunque ande en valle de sombra de muerte, no temeré
mal alguno, porque tú estarás conmigo; tu vara y
tu cayado me infundirán aliento.*

Salmo 23:4 RV60

La oración es una herramienta invisible que se maneja en el mundo visible.

Porque las armas de nuestra contienda no son carnales, sino poderosas en Dios para la destrucción de fortalezas.
2 Corintios 10:4 BLA

El dinero es como un brazo o una pierna: si no lo usas lo pierdes.

Porque a cualquiera que tiene, se le dará más, y tendrá en abundancia; pero a cualquiera que no tiene, aun lo que tiene se le quitará.
Mateo 13:12 BLA

Yo no sé cuál es el secreto para alcanzar el éxito, pero la llave para el fracaso es tratar de complacer a todo el mundo.

Porque ¿busco ahora el favor de los hombres o el de Dios?
Gálatas 1:10 BLA

**No digamos: Cada hombre es
el arquitecto de su propia fortuna;
sino digamos: Cada hombre es
el arquitecto de su propio carácter.**

*Hasta que muera, no abandonaré mi integridad. Me
aferraré a mi justicia y no la soltaré. Mi corazón
no reprocha a ninguno de mis días.*

Job 27:5,6 BLA

**El precio que se paga por lograr el éxito es:
el arduo trabajo, dedicación a la obra, y
la determinación de que si ganamos
o perdemos, habremos invertido
lo mejor de nosotros en la obra.**

*Y todo lo que hagáis, hacedlo de corazón, como para
el Señor y no para los hombres.*
Colosenses 3:23 BLA

No es sólo expresar lo debido en el lugar correcto, pero aun más difícil es no decir lo indebido cuando estás tentado hacerlo.

El que guarda su boca, preserva su vida; el que mucho abre sus labios, termina en ruina.
Proverbios 13:3 BLA

Los que nunca han logrado hacer nada en la vida no están capacitados para juzgar a los que han logrado hacer poco.

Nunca critiques ni juzgues a nadie, para que no te lo hagan a ti...
Lucas 6:37 LBAD

Las personas, los lugares y las cosas nunca fueron diseñados para darnos vida. Sólo Dios es el autor de una vida de plenitud.

Yo he venido para que tengan vida, y para que la tengan en abundancia.
Juan 10:10 RV60

Cortesía común para la sección de estudiantes

Trata a los demás como deseas que te traten a ti.
Lucas 6:31 LBAD

Hagamos el bien cada vez que podamos, especialmente a nuestros hermanos cristianos.
Gálatas 6:10 LBAD

Di siempre gracias, perdone usted y *por favor*, cuando hayas hecho algún favor o cuando te estés disculpando.

Trata a los demás como deseas que te traten a ti.
Lucas 6:31 LBAD

Siempre debes tocar a la puerta y pedir permiso antes de entrar en la habitación de alguien.

Así que, según tengamos oportunidad, hagamos bien a todos...
Gálatas 6:10 RV60

No pongas los pies encima de los muebles. Los pies no aumentan la belleza de la mesa o el escritorio.

Trata a los demás como deseas que te traten a ti.
Lucas 6:31 LBAD

Contesta siempre a tiempo cada invitación formal que recibas.

*Así que, según tengamos oportunidad,
hagamos bien a todos...*
Gálatas 6:10 RV60

Devuelve todo lo que tomes prestado, a tiempo y en buenas condiciones.

Trata a los demás como deseas que te traten a ti.
Lucas 6:31 LBAD

Nunca ocupes el lugar que no te corresponde cuando estés esperando en una fila.

Así que, según tengamos oportunidad, hagamos bien a todos....
Gálatas 6:10 RV60

Cuando marques un número equivocado por teléfono, debes decir: "Lo siento, perdone usted", en vez de tirar el teléfono mientras la otra persona te escucha.

Trata a los demás como deseas que te traten a ti.
Lucas 6:31 LBAD

Cuando tengas una cita, llega a tiempo; márchate a tiempo también. Porque no hay nada más aburrido como una persona que extiende su visita más de lo que debe.

Así que, según tengamos oportunidad, hagamos bien a todos....
Gálatas 6:10 RV60

Muestra respeto a cualquiera que represente la autoridad.

Trata a los demás como deseas que te traten a ti.
Lucas 6:31 LBAD

Aprende a expresar elogios. Comienza a practicar con los miembros de tu familia, y encontrarás que al pasar los años podrás elogiar a otros con mayor facilidad. El elogio es una gran ventaja.

Trata a los demás como deseas que te traten a ti.
Lucas 6:31 LBAD

Otros títulos en la serie

*Los libritos de instrucciones de Dios están disponibles
en las librerías de su localidad.*

498344 -El librito de instrucciones de Dios I
498345 -El librito de instrucciones de Dios para mujeres
498346 -El librito de instrucciones de Dios para niños
498347 -El librito de instrucciones de Dios II
498349 -El librito de instrucciones de Dios para las madres
498350 -El librito de instrucciones de Dios para hombres
498351 -El librito de instrucciones de Dios para parejas
498352 -El librito de instrucciones de Dios para jóvenes